AF295728

ÉTUDE

SUR SAINT-LAMBERT

(Extrait des *Mémoires de l'Académie de Stanislas* de 1874.)

ÉTUDE

SUR

SAINT-LAMBERT

PAR

M. E. PIERROT

AVOCAT GÉNÉRAL A LA COUR DE NANCY

DISCOURS DE RÉCEPTION A L'ACADÉMIE DE STANISLAS

Le 27 mai 1875.

NANCY

IMPRIMERIE BERGER-LEVRAULT & Cie

11, RUE JEAN-LAMOUR, 11

1875

ÉTUDE

SUR SAINT-LAMBERT

DISCOURS DE RÉCEPTION

Messieurs,

L'indulgent accueil que vous avez bien voulu faire à ma candidature m'a pénétré de la plus vive gratitude. J'aurais mauvaise grâce à oublier aujourd'hui que c'est de votre bienveillance seule que je tiens un honneur que les autres membres de cette compagnie ne doivent qu'à votre justice ; et, s'il m'était permis de rechercher le sens de vos suffrages, j'y trouverais facilement la preuve que dans vos rangs, accessibles aux mérites les plus divers, il y a aussi une place plus modeste, mais encore honorable, que vous ne refusez point à ceux qui ne se recommandent que par leur bonne volonté et par un sincère désir de s'instruire.

Pour vous témoigner ma reconnaissance, j'aurais

voulu apporter ici un sujet digne de vous, digne
du public qui s'intéresse à vos travaux, un de ces
sujets particulièrement chers à vos cœurs lorrains
et qui, par cela même, promettent à ceux qui s'en
inspirent un succès toujours plus facile. Certes
notre terre de Lorraine est riche de souvenirs ; elle
a été aussi féconde qu'aucune autre en hommes de
talent, littérateurs et philosophes, artistes et poëtes,
magistrats et guerriers illustres. Mais quelque fait
que l'on entreprenne de retracer, quelque figure
que l'on veuille faire revivre, on s'aperçoit bientôt
qu'on a été devancé par l'un des maîtres de cette
Académie et qu'à vouloir refaire son œuvre on s'ex-
pose à trop laisser voir la distance qui sépare le dis-
ciple du maître.

Cependant il m'a paru que dans la galerie consa-
crée par les soins de l'Académie aux illustrations
de ce pays, il y avait encore une lacune, un oubli
à réparer. Je vais essayer d'esquisser la vie et d'ap-
précier les œuvres d'un homme qui fut l'un des
hôtes les plus séduisants de la cour de Stanislas et
l'un des esprits les plus recherchés de la société du
XVIII⁰ siècle ; — d'un poëte auquel nous devons de
gracieuses poésies fugitives et peut-être le meilleur
de nos poëmes descriptifs ; — d'un philosophe qui,
après avoir collaboré à l'*Encyclopédie*, exposa son
système et ses idées dans un des ouvrages les plus
considérables de la philosophie sensualiste ; — enfin
d'un académicien qui fut l'un des vôtres et l'un

des quarante et dont, par un inexplicable oubli,
l'éloge reste encore à faire ici même et à l'Académie
française (¹).

Jean-François de Saint-Lambert est né le 26 décembre 1716 à Nancy, et non à Vézelise ou à Affra-
court, comme l'ont supposé jusqu'à présent tous ses
biographes (²). Il était fils d'un officier des gardes
du roi de Pologne, gentilhomme et sans fortune
Ce qu'il fit en ses premières années nous échappe
et n'offrirait point d'intérêt. Nous savons seulement
qu'il étudia au collége des Jésuites de Pont-à-
Mousson et qu'il conserva un souvenir affectueux
de ses instituteurs, auxquels il adressa longtemps
après ces vers (³) :

> Indulgente société,
> O vous, dévots plus raisonnables,
> Apôtres pleins d'urbanité,
> Le goût polit vos mœurs aimables :
> Vous vous occupez sagement
> De l'art de penser et de plaire ;
> Aux charmes touchants du bréviaire
> Vous entremêlez prudemment
> Et du Virgile et du Voltaire ;

(¹) L'éloge de Saint-Lambert n'a jamais été fait à l'Académie
de Stanislas. Son successeur à l'Académie française, M. Maret
(duc de Bassano), n'a même pas prononcé son nom.

(²) Voir à cet égard la note intéressante publiée par M. Louis
Lallement dans le *Journal de la Société d'archéologie*, n° d'a-
vril 1861.

(³) Épître au prince de Beauvau sur la querelle des Jansé-
nistes et des Jésuites.

Vous parlez au nom du Seigneur,
Et vous n'ennuyez pas les hommes ;
Vous nous condamnez sans fureur,
Vous nous voyez tels que nous sommes.

Son éducation terminée, Saint-Lambert embrassa la carrière des armes. Il y fut entraîné moins par goût que par nécessité (1). Après la paix d'Aix-la-Chapelle, en 1748, il s'attacha à la personne de Stanislas et vint à la cour de Lunéville avec le grade d'exempt des gardes du corps.

Ce n'est pas à vous, Messieurs, qu'il est nécessaire de rappeler ce qu'était alors cette cour où un roi deux fois tombé du trône se consolait par de tout autres pensées des revers de sa fortune et des contre-temps de la politique. Pendant que le chancelier de la Galaizière gouvernait la Lorraine sans consulter ni la volonté, ni les inclinations personnelles de son souverain provisoire, Stanislas se renfermait dans le gouvernement de sa maison et dans les occupations de la vie intime. Ennemi de l'ostentation et de l'étiquette, il s'entourait volontiers d'esprits aimables et distingués qu'il accueillait avec la plus charmante familiarité. Le philosophe Helvétius, le président Hénault, Voltaire, Montesquieu lui-même se faisaient un honneur de visiter ce roi sans États dont

(1) Après la paix d'Aix-la-Chapelle, Saint-Lambert publia une pièce de vers dans laquelle il ne dissimula point son peu de goût pour l'état militaire :

Victime des rois et des sots,
Je m'ennuyais pour la patrie.

le plus grand plaisir était de causer avec des personnes d'un esprit vif et cultivé, comme le sien : « J'ai été comblé d'honneurs à la cour de Lorraine, et j'ai passé des moments délicieux avec le roi Stanislas », écrivait en 1747 l'auteur des *Lettres persanes*, alors occupé à mettre la dernière main à son livre sur l'*Esprit des lois*.

Malgré des apparences de dévotion entretenues par la présence du père Menou, confesseur du roi, les plaisirs et la galanterie n'étaient point bannis de cette cour où, depuis la mort de la reine, la belle marquise de Boufflers régnait sur plus d'un cœur, et où Mme du Châtelet allait apporter l'amour des fêtes, l'éclat de son esprit et celui de ses aventures.

Saint-Lambert était bien doué pour plaire à cette société élégante. Beau, froid, légèrement railleur, ayant de grandes manières, un tact exquis et l'esprit du monde, il possédait de plus le talent de tourner de jolis vers et de louer délicatement les personnes qui pouvaient lui être utiles. C'est à la marquise de Boufflers qu'il adressa l'*Épître à Chloé*, l'une des premières et l'une des meilleures de ses poésies fugitives. L'inspiration en est toute sensuelle, mais le tour en est simple, net et fin, comme tout ce que notre poëte a écrit dans ce genre. *La dame de Volupté* (¹) ne fut point insensible à cet

(¹) C'est le nom qu'on donnait à Mme de Boufflers et que celle-ci acceptait de très-bonne grâce.

hommage, et la jalousie du roi eut plus d'une fois à souffrir, dit-on, des assiduités du jeune officier des gardes auprès de Mme de Boufflers.

C'est au mois de janvier 1748 que Mme du Châtelet, la *divine Émilie*, parut pour la première fois au château de Commercy, où la cour passait l'hiver. Elle y vint avec Voltaire, dont elle était depuis quatorze ans l'amie et dont elle avait épousé si passionnément la gloire. Mais une nature aussi ardente et aussi mobile se lassait d'être aussi longtemps fidèle au même culte. Mme du Châtelet s'éprit de Saint-Lambert, qui avait moins d'esprit que Voltaire, mais qui avait huit ans de moins que la marquise et vingt ans de moins que Voltaire. J'omets de rappeler ce que tout le monde sait, et je laisse aux mémoires du temps le soin de raconter l'éclat de cette liaison, la jalousie de Voltaire, la fin prématurée et presque tragique de la marquise. Qu'il me suffise de dire que Saint-Lambert répondit mal à l'amour dont il fut l'objet et que ses lettres froides et sans passion contrastent avec les lettres si tendres et si émues que lui adressait Mme du Châtelet (¹).

C'est du cœur que déborde le sentiment d'Émilie, celui de Saint-Lambert vient d'ailleurs. Il appelle Mme du Châtelet son *cher amour*, sa *chère maîtresse*, son *cher cœur* ; il fait des digressions sur le

____

(¹) Ces lettres font partie de la collection de M. Feuillet de Conches. Quelques-unes ont été publiées par Mme Louise Collet dans une étude sur Mme du Châtelet.

plaisir, il parle de la nature, il rappelle le charme qu'on trouve dans la simultanéité des sensations en présence d'un beau paysage, la volupté du chant du rossignol qu'ils ont entendu ensemble, et, à ce sujet, il dit que Stanislas vieillissant prétend que les rossignols de Pologne ont la voix plus forte que ceux de France. Vainement s'efforce-t-il de paraître sensible et mélancolique, on s'aperçoit qu'il ne cède point à un mouvement naturel et que, dans ses protestations d'amour, c'est l'imagination qui parle et non le cœur (¹).

Tout en prenant sa part des plaisirs de la cour, Stanislas ne négligeait point les distractions de l'esprit. En même temps qu'il engageait contre J.-J. Rousseau une polémique en faveur des théâtres, il créait une bibliothèque publique et fondait l'Académie, dont la séance d'inauguration eut lieu en sa présence, le 3 février 1751, dans la galerie des Cerfs. Saint-Lambert, que ses succès dans le monde avaient contribué, non moins que ses vers, à mettre à la mode, fut désigné un des premiers pour faire partie de la nouvelle Académie. C'est dans la séance publique du 8 mai de la même année qu'il prononça son discours de réception, qui est un éloge aussi bien écrit que bien pensé du roi fondateur (²).

______

(¹) Nodier, *Mélanges tirés d'une petite bibliothèque,* cite aussi une lettre d'amour de Saint-Lambert.

(²) V. les mémoires de la Société royale des sciences et belles-lettres de Nancy, t. Iᵉʳ, p. 132.

Peu de temps après, Saint-Lambert eut l'occasion d'aller à Paris, où l'attiraient la faveur de Voltaire, l'appui du prince de Beauvau (¹) et le secret désir d'étendre sa réputation (²).

Un spectacle plein d'intérêt et de nouveauté allait s'offrir à son attention. La société française subissait à ce moment une transformation profonde. Les grands jours de la royauté étaient passés ; l'influence de la cour allait chaque jour s'amoindrissant, et la révolution qui s'opérait dans les idées en entraînait une autre dans les mœurs et dans les habitudes. Jusque-là, ce qui s'appelait vraiment le monde existait à peine hors de la cour et en recevait non-seulement le ton, la mode, mais encore les opinions. A dater de la seconde moitié du XVIIIe siècle, la société s'affranchit de cette tutelle qu'elle trouve gênante, elle commence à vivre par elle-même et à former ces salons où les classes se confondent, où les philosophes se rencontrent avec les courtisans, les hommes de lettres avec les financiers, les abbés mondains avec des femmes d'une rare distinction, et où l'on s'entretient de tout, de

(¹) Maréchal de Beauvau (Charles-Juste), fils du prince de Craon, né à Lunéville le 10 septembre 1720, mort le 21 mai 1793.

(²) En 1748, Mme du Châtelet, écrivant à d'Argental, lui disait, en parlant de Saint-Lambert : « C'est un homme de condition de ce pays-ci, mais qui n'est pas riche, qui meurt d'envie d'aller à Paris, et à qui ses entrées à la Comédie feront une grande différence dans sa dépense. »

politique et de galanterie, de philosophie et de vers, des sujets les plus graves et les plus futiles, dans la mesure d'une liberté qui n'a d'autre règle que la politesse et le bon goût.

Saint-Lambert n'était point un inconnu pour la société de Paris. Ses vers, qu'on louait, ses amitiés, qui l'honoraient, ses amours, qui ne lui nuisaient pas, la manière même dont son nom s'était trouvé mêlé à la mort de Mme du Châtelet et à la douleur de Voltaire, tout contribua à le faire accueillir et rechercher. Un serviteur de Stanislas ne devait-il pas être le bienvenu chez Mme Geoffrin? Un gentilhomme (¹) lorrain n'avait-il pas sa place marquée chez Mme Helvétius (²) et à l'hôtel de Beauvau (³)? Un poëte, un partisan de la philosophie nouvelle n'était-il point assuré de l'amitié de Diderot, de d'Holbach, de Grimm et de Rousseau?

Ce fut dans une des réunions intimes de Mlle Quinault que Mme d'Épinay vit pour la première fois Saint-Lambert. Elle lui trouva « infiniment d'esprit et autant de goût que de délicatesse et de

(¹) Saint-Lambert prit à Paris le titre de *marquis,* qui ne lui appartenait pas. Son acte de naissance portait primitivement qu'il était fils de *Charles Lambert, chevalier, seigneur d'Orgemont.* Plus tard une sentence du bailliage de Nancy autorisa la substitution du nom de *de Saint-Lambert* à celui de Lambert.

(²) Helvétius avait épousé Mlle de Ligneville.

(³) Saint-Lambert reçut l'hospitalité du prince de Beauvau et conserva un appartement dans son hôtel jusqu'à ce qu'il se fût définitivement fixé à Paris.

force dans les idées (¹). » Charmée de sa conversation et de ses manières, elle désira le revoir et le présenta à la comtesse d'Houdetot, sa belle-sœur. On sait l'influence décisive que cette rencontre exerça sur le reste de la vie de Saint-Lambert.

Mme d'Houdetot avait alors environ vingt-sept ans. Elle avait épousé, neuf ans auparavant, un homme de qualité, mais sans fortune, joueur de profession, sottement laid et peu avancé dans le service. Quant à elle, il faudrait se garder de la juger sur le portrait qu'en a tracé Rousseau avec les vives couleurs de son imagination. Écoutons plutôt ce qu'en a dit une autre femme : « Il était impossible de ne pas « éprouver l'étonnement le plus désagréable en la « voyant pour la première fois. Elle louchait hor- « riblement, et il était difficile de savoir sur quelle « personne s'arrêtaient ses regards. Ses traits étaient « très-forts et désagréables dans leur ensemble, « mais l'habitude de la voir triomphait bientôt de « ces premières impressions, en l'entendant pro- « duire dans la conversation l'imagination la plus « vive, la plus aimable, l'âme la plus douce, la plus « bienveillante. Je me disais quelquefois en l'écou-

---

(¹) Mémoires de Mme d'Épinay, et le *Dialogue sur la pudeur* entre Mlle Quinault, Duclos et Saint-Lambert. — Mme d'É-pinay dit que Saint-Lambert mêla à ce sujet des réflexions si graves et si élevées que tout ce qu'il y avait de choquant dans l'idée première fit bientôt place à l'admiration.

« tant : Mon Dieu ! qu'un joli visage irait bien à
« cet esprit-là (¹) ! »

Par quels charmes secrets cette femme si dé-
pourvue de qualités extérieures exerça-t-elle sur
le cœur de notre poëte un ascendant qui dura autant que la vie ? C'est qu'à défaut de la beauté du
visage, elle avait la grâce de l'esprit, le charme
des manières, la bonté et la beauté du caractère ;
c'est qu'elle avait, suivant l'expression dont
Mme d'Épinay aime à se servir à son égard, une
si *jolie âme,* si franche, si honnête, si sensible !

Nos mœurs, plus sévères, condamnent avec raison
ces fausses et irrégulières liaisons qui, au XVIIIe
siècle, se nouaient publiquement en dehors et
même à côté du mariage. Mais, au temps dont je
parle, l'opinion publique ne les réprouvait pas, et,
chose plus étrange, ceux dont elles auraient dû
blesser l'honneur n'avaient garde de s'en offenser.
N'est-ce pas M. d'Houdetot lui-même qui, pour
excuser un long attachement conservé à une autre
personne que celle qu'il avait épousée, disait :
« Nous avions, Mme d'Houdetot et moi, la vocation
« de la fidélité ; seulement il y avait un malen-
« tendu (²). »

Il ne faudrait pourtant pas croire que ce mépris du mariage fût partagé par tout le monde

(¹) Mme Suard, *Essais de mémoires.*
(²) Saint-Marc Girardin, *J.-J. Rousseau, sa vie et ses ouvrages.*

et que toutes les unions du XVIIIe siècle ressemblassent à celles des d'Houdetot, des du Châtelet, des de Boufflers. Il suffirait de citer ce maréchal et cette maréchale de Beauvau, les amis et les protecteurs de Saint-Lambert, dont la vie fut un si beau roman d'amour, que la jeune princesse de Poix, leur fille, disait avec une bonne grâce spirituelle lorsqu'on lui interdisait la lecture des romans : « Défendez-moi donc aussi de voir mon père et ma « mère (¹). »

L'amour de Mme d'Houdetot avait définitivement fixé Saint-Lambert à Paris. Il conserva bien encore quelques relations avec sa province jusqu'à la mort de Stanislas ; mais, dès 1755, il avait vendu sa charge de capitaine des gardes lorraines pour entrer comme colonel au service de France. Peut-être n'avait-il point pris garde qu'en France le métier des armes n'a jamais été une sinécure et qu'une guerre prochaine pouvait d'un instant à l'autre l'arracher à ses amitiés et à ses occupations favorites. C'est, en effet, ce qui lui arriva au commencement de l'année 1756. Nous étions alors en guerre avec cette Prusse dont l'ambition commençait déjà à troubler l'Europe. Saint-Lambert dut rejoindre l'armée, qui se disposait à envahir la Westphalie et le Hanovre ; il fut attaché, comme Grimm, son ami, à l'état-major du prince de Soubise,

______

(¹) *Souvenirs de la maréchale de Beauvau*, recueillis par Mme Standisch ; Introduction.

et pendant dix-huit mois il eut à supporter les fatigues et les dangers d'une campagne marquée par bien des fautes et par les tristes revers de Minden et de Rosbach.

Revenu à Paris souffrant et découragé, Saint-Lambert quitta le service avant la fin de la guerre pour se consacrer exclusivement aux lettres ([1]).

Jusque-là notre poëte n'était guère connu que par ses poésies légères et par une pièce de vers *sur les bienfaits de Stanislas* ([2]). Son poëme des *Saisons*, auquel il travaillait depuis plusieurs années, parut seulement au commencement de 1769, trente-neuf ans après les *Saisons* de l'Écossais Thomson et un an seulement avant la traduction des *Géorgiques* de Delille.

Cette publication fut un événement et on ne saurait s'imaginer à quel point la critique et les meilleurs esprits se divisèrent dans l'appréciation du nouveau poëme. Tandis que Voltaire écrivait à

([1]) Pendant l'hiver de 1757, Mme d'Houdetot écrivit lettres sur lettres au prince de Soubise pour le supplier d'engager Saint-Lambert à quitter l'armée et à revenir à Paris.

C'est pendant que Saint-Lambert était à l'armée que Rousseau, oubliant les devoirs de l'amitié, tenta de le supplanter dans le cœur de Mme d'Houdetot. On sait qu'il n'y réussit point, mais ce qu'on sait moins, c'est qu'il eut l'impertinence d'écrire à Saint-Lambert, pour le régenter sur sa liaison avec Mme d'Houdetot, menaçant de ne « *jamais lui laisser la sécurité de son innocence dans un pareil état.* »

([2]) Mémoires de la Société royale des sciences et belles-lettres de Nancy, t. II, 1755, p. 140.

l'auteur : « Votre ouvrage est un chef-d'œuvre...;
« c'est le seul de notre siècle qui passera à la pos-
« térité (¹) » ; tandis qu'il écrivait à l'Académie :
« Le poëme des *Saisons* et la traduction des *Géor-*
« *giques* me semblent les deux meilleurs poëmes
« qui aient honoré la France depuis l'*Art poé-*
« *tique* (²) ; » tandis que Palissot lui-même, qui
ne connaissait pas la flatterie, déclarait que « ce
« n'était pas l'ouvrage d'une main vulgaire ; qu'on
« y trouve des détails très-heureux, des peintures
« neuves, et qu'il est écrit avec beaucoup d'élé-
« gance » ; — d'autres trouvaient le poëme détestable et accablaient l'auteur de toutes sortes
d'épigrammes. « Ce Saint-Lambert, écrivait Mme du
« Deffand à Horace Walpole, est un esprit froid,
« fade et faux ; il croit regorger d'idées, et c'est la
« stérilité même ; et sans les *roseaux*, les *ruisseaux*,
« les *ormeaux* et leurs *rameaux*, il aurait bien peu
« de choses à dire. » Et Walpole de répondre :
« Ah ! que vous en parlez avec justesse ! Le plat
« ouvrage ! Point de suite, point d'imagination,
« une philosophie froide et déplacée...; les mœurs
« et les usages d'aucun pays. »

Entre ces jugements extrêmes, il y a place pour
une appréciation plus équitable. Diderot, qui avait
lu et relu l'ouvrage, accorde que Saint-Lambert est

(¹) Lettres des 7 mars 1769 et 4 mai 1772.
(²) *Idem.*

instruit, qu'il sait sa langue, qu'il pense, qu'il sent, qu'il possède le talent des vers, qu'il est harmonieux. « Que lui manque-t-il donc, ajoute-t-il, pour être « un poëte? — Ce qui lui manque? c'est une âme « qui se tourmente, un esprit violent, une imagi- « nation bouillante, une lyre qui ait plus de cordes; « la sienne n'en a pas assez.... Oh! qu'un grand « poëte est un homme rare ! »

Parmi les défauts si vivement reprochés au poëme des *Saisons,* les uns tiennent au genre de la poésie, les autres au poëte lui-même. Un poëme descriptif des champs, quel que soit le charme des vers, n'aura jamais pour le lecteur un attrait puissant. Le spectacle des beautés de la nature surpassera toujours les plus magnifiques descriptions, et celui qui veut les admirer n'a pas besoin d'aller les chercher dans les pâles tableaux d'un poëme.

Pour relever l'intérêt du genre descriptif, il faut y introduire un mélange habile de la peinture des choses et de l'expression des sentiments humains :

> Enivrez-vous de tout, enivrez-vous, poëtes,
> Des gazons, des ruisseaux, des feuilles inquiètes,
> Du voyageur de nuit dont on entend la voix,
> De ces premières feuilles dont février s'étonne,
> Des eaux, de l'air, des prés et du bruit monotone
> Que font les chariots qui passent dans les bois (¹).

Mais ce n'est pas tout. Il ne faut pas que cette

(¹) V. Hugo, *Les Feuilles d'automne :* Ce qu'on entend sur la montagne.

grande et belle nature reste seule et languissante, il faut, pour qu'elle nous plaise longtemps, l'animer par les pensées et les émotions de l'homme :

> Si vous avez en vous, vivantes et pressées,
> Un monde intérieur d'images, de pensées,
> De sentiments, d'amour, d'ardente passion,
> Pour féconder ce monde, échangez-le sans cesse
> Avec l'autre univers visible qui nous presse !
> Mêlez toute votre âme à la création (¹).

L'émotion ! voilà bien ce qui manque à la poésie de Saint-Lambert, et ce que ne peuvent remplacer ni la pureté du style, ni le luxe des images. Ajoutons aussi que, même dans les *Saisons,* le poëte cède trop souvent la parole au philosophe, à un philosophe qui ne croit à rien, ni à Dieu, ni à la religion naturelle (²), ni à la vertu, ni à la chasteté, et qui ne jouit à son aise de la vie des champs, ainsi qu'il le confesse lui-même, qu'entre Montaigne et *la Pucelle* (³) !

(¹) V. Hugo, *Les Feuilles d'automne :* Ce qu'on entend sur la montagne.

(²) Dans une conversation rapportée par Mᵐᵉ d'Épinay, Saint-Lambert, à qui on avait demandé s'il croyait à la religion naturelle, avait répondu : « Pas plus à celle-là qu'aux autres. » Mᵐᵉ d'Épinay, étonnée, répartit avec vivacité : « Vous, Monsieur, qui êtes poëte, vous conviendrez avec moi que l'existence d'un être éternel, tout-puissant, souverainement intelligent, est le germe d'un plus bel enthousiasme ! »

(³) V. les *Consolations de la vieillesse :*

> Et j'y voudrais penser et rire tour à tour,
> Entre Montaigne et *la Pucelle.*

Un sceptique n'est pas le chantre qui convient à la nature. Celui qui ne la voit que par ses sens et qui n'aperçoit pas l'harmonie divine qui en fait la principale beauté, est incapable de s'élever au véritable enthousiasme, et tombe forcément dans cet abus des ruisseaux, des ormeaux et de tous les lieux communs que Mme du Deffand reprochait si spirituellement à Saint-Lambert.

On a reproché aussi à l'auteur des *Saisons* d'avoir dédaigné l'emploi de la fiction et d'avoir méconnu tout ce qu'il y a de poésie, de grâce et de vie dans les récits comme dans les métamorphoses de la mythologie. Oser s'affranchir d'une tradition, quelle témérité, en effet ! vouloir parler naturellement de la nature, quelle preuve de mauvais goût ! appeler de leur vrai nom les sources, les ruisseaux, les forêts, la mer, au lieu d'évoquer les Naïades, les Dryades, Amphitrite et Éole, quelle marque d'ignorance et de pauvreté !

Sans doute le tort de Saint-Lambert a été grand, et je comprends qu'il ne lui soit jamais pardonné par ces âmes poétiques, éprises de l'antiquité, qui regrettent encore aujourd'hui

> .... Le temps où les nymphes lascives
> Ondoyaient au soleil parmi les fleurs des eaux,
> Et d'un éclat de rire agaçaient sur les rives
> Les faunes indolents couchés dans les roseaux ;
> Où les sources tremblaient des baisers de Narcisse ;

. . . .

> Où les Sylvains moqueurs, dans l'écorce des chênes,
> Avec les rameaux verts se balançaient au vent,
> Et sifflaient dans l'écho la chanson du passant (¹).

Peut-être la faute de Saint-Lambert paraîtra-t-elle plus légère aux yeux de ceux qu'une imagination moins riche rend aussi moins exigeants. Sans méconnaître ce que les fictions mythologiques ont pu répandre de vie et de charme dans la nature, on peut se demander si leur intervention est absolument nécessaire dans la poésie descriptive. Faut-il, pour qu'un jardin soit beau, le remplir de statues et de divinités ? Les grandes et sombres forêts n'auront-elles de poésie que si on nous fait entrevoir sous chaque buisson un sylvain et dans l'écorce de chaque arbre une hamadryade ? La mer elle-même ne nous causera-t-elle une impression profonde qu'à la condition qu'on nous la représentera sous les traits d'Amphitrite, montée sur son char, avec son cortége obligé de tritons et de dauphins ?

Ces images, il faut en convenir, étaient si vieilles et si usées à l'époque où Saint-Lambert écrivait, qu'il faudrait avoir grande envie de le trouver en faute pour le blâmer de les avoir dédaignées. Pour ma part, je me reprocherais d'user d'une telle rigueur envers lui, et, loin de lui en faire un grief, je lui pardonnerais volontiers son mépris pour les fictions si, au panthéisme mythologique qu'il sup-

(¹) A. de Musset, *Rolla*.

prime, il avait eu la bonne inspiration de substi-
tuer un culte plus pur, moins banal, et plus propre
à élever les cœurs.

Ces réserves faites, n'est-il pas juste de recon-
naître les qualités accessoires et très-réelles du
poëme des *Saisons*, et pourrais-je mieux faire que
de reproduire ici le jugement qu'en portait, dès 1831,
l'un des maîtres les plus écoutés de cette Académie ? « Sans atteindre à la vigueur de jet, au luxe
« et à l'exubérance d'expressions et d'images par
« où brille le poëme de Thomson, les *Saisons* fran-
« çaises forment une œuvre mieux conçue, mieux
« finie, plus agréable à lire. Les pensées y ont plus
« de précision, les termes plus de justesse; et la
« diction — qui ne manque point, quand il le faut,
« de richesse et de verve, — s'y fait remarquer
« avant tout par une élégance sage et continue,
« vrai caractère du style *tempéré,* qu'il faut se gar-
« der de confondre avec le médiocre. Beaucoup
« d'autres poëmes, sans doute, ont des beautés d'un
« ordre plus frappant, mais celui-ci présente un
« phénomène bien rare : c'est qu'on le parcourrait
« en critique, sans y trouver peut-être trente vers
« dont l'esprit, l'oreille et la grammaire ne fussent
« pas également satisfaits ([1]). »

([1]) M. G. de Dumast. *Précis des travaux de la Société royale
des sciences, lettres et arts de Nancy, de 1829 à 1832,* p. 221 à
228.

Laharpe, dans son *Cours de littérature* (t. VIII), compare

Si le poëme des *Saisons* n'obtint pas tous les suffrages de la critique, il valut à son auteur ceux de
l'Académie française. En 1770, un an après la publication de son poëme, Saint-Lambert fut élu
membre de cette compagnie. Il y succédait à l'abbé
Trublet, plus connu par une satire de Voltaire que
par ses propres œuvres (¹). Ayant peu de choses à
dire de son prédécesseur à cause de sa médiocrité,
Saint-Lambert se plut, dans son discours de réception, à louer Montesquieu et Voltaire, d'Alembert
et Condillac. On lui reprocha de n'avoir point parlé
de Buffon, qui avait bien aussi quelques titres à la
gloire; mais il eut plus tard l'occasion de réparer
cet oubli et il le fit dans les termes de la plus sincère
admiration (²).

C'est lui qui eut la bonne fortune de recevoir à
l'Académie le chevalier de Boufflers, son compa-
triote, l'auteur si connu de tant de jolis contes et
le héros ignoré du roman que la publication de la
correspondance de Mme de Sabran vient seulement

aussi les *Saisons* de Saint-Lambert aux *Saisons* de Thomson et
aux *Mois* de Roucher.

Il ajoute : « Leurs ouvrages ont du mérite, mais celui de
« Saint-Lambert sera toujours, par la beauté du langage et la
« pureté du goût, un de ceux qui, depuis la *Henriade*, ont fait
« le plus d'honneur à notre langue. »

(¹) C'est contre l'abbé Trublet qu'est dirigée la satire inti-
tulée : *le Pauvre Diable*.

(²) Réponse à Vicq-d'Azir, successeur de Buffon à l'Académie.

de divulguer (¹). Reconnaissant en lui « un homme supérieur à son genre », il lui dit, avec un art habile des nuances : « La finesse de l'esprit, l'enjoue-« ment, je ne sais quoi de hardi qui ne l'est point « trop, des traits qui excitent la surprise et ne pa-« raissent pas extraordinaires, le talent de saisir « dans les circonstances et dans le moment ce qu'il « y a de plus piquant et de plus agréable, voilà, « Monsieur, le caractère de vos pièces fugitives. »

Saint-Lambert demeura jusqu'à la fin de sa vie un des membres les plus assidus et les plus influents de l'Académie (²), et quand, après les désordres de la Révolution, on songea à relever cette institution, qui n'avait point trouvé grâce devant la fureur de détruire, il fut un de ceux qui reçurent la mission de la reconstituer sur la base de ses anciennes traditions.

Je voudrais, Messieurs, pouvoir abréger cette étude, mais la vie de l'homme dont je parle a été longue, ses œuvres sont multiples, et il ne m'est pas

______

(¹) *Correspondance inédite de la comtesse de Sabran et du chevalier de Boufflers,* publiée par E de Magnien et Henri Prat. — Paris, 1875. Plon, éditeur.

(²) On doit lui savoir gré d'avoir défendu, au sein de l'Académie, les grands hommes du siècle de Louis XIV contre les attaques de quelques novateurs, et d'avoir ainsi racheté la flatterie qu'il adressait à Voltaire dans un passage des *Saisons* où il le proclamait :

Vainqueur des deux rivaux qui règnent sur la scène.

(Voir la lettre de Voltaire à Laharpe du 10 décembre 1777.)

permis de passer sous silence ses doctrines et ses travaux philosophiques.

Engagé comme il l'était dans la société des philosophes, Saint-Lambert devait résister difficilement à la manie, qui fut celle de son siècle, de dogmatiser sur toutes choses, d'ériger ses idées en systèmes, et de les proposer, malgré leur nouveauté, comme des maximes indiscutables.

Ses tendances philosophiques s'étaient déjà manifestées dans son poëme des *Saisons* et par sa collaboration à l'*Encyclopédie,* où il avait écrit les articles *Génie* (¹), *Intérêt de l'argent, Législateurs, Luxe, Manières,* etc. (²).

Mais ce n'est que longtemps après qu'il exposa, sous le titre de *Catéchisme universel,* le système complet de ses réflexions sur tous les sujets de philosophie et de morale.

L'école philosophique du XVIIIe siècle, on le sait, n'entendait pas se confiner dans le domaine de la théorie et de la discussion; elle cherchait aussi à populariser son œuvre. L'*Encyclopédie,* par exemple, ne devait pas être seulement un répertoire de la science humaine, mais encore un puissant moyen

---

(¹) Saint-Lambert avait commencé sur *le génie* un poëme dont il lut le second chant à l'Académie, mais qu'il laissa inachevé. C'est à l'occasion de ce poëme du *Génie* que M^{mo} du Deffand disait : *Il faut en avoir beaucoup pour rendre ce sujet piquant.*

(²) Saint-Lambert a publié treize articles dans l'*Encyclopédie.*

de propagande. Il s'agissait de faire pénétrer l'incrédulité dans tous les rangs de la société ; on en remplissait toutes les pages du dictionnaire ; et l'artisan en étudiant son métier, le maçon en apprenant l'art de bâtir, devaient apprendre en même temps à blasphémer Dieu. Pour détruire plus complétement les préjugés, il fallait aussi songer à l'enfance, et la pourvoir d'une morale qui n'eût rien à démêler avec la religion. En terminant ses *Éléments de philosophie*, d'Alembert avait exprimé un souhait, que lui inspirait, disait-il, le bien public, et dont il était à désirer, selon lui, qu'un philosophe jugeât l'exécution digne de ses soins : c'était celui d'un catéchisme de morale à l'usage et à la portée du jeune âge. Saint-Lambert et après lui Volney (¹), entendirent ce vœu, et, sans autrement consulter leur vocation, ils se jugèrent en état de le réaliser.

La critique spiritualiste n'a pas manqué, — et c'était son droit, — de relever dans la personne même de Saint-Lambert, et dans les écarts de sa vie, le côté faible de son enseignement. Avouons, en effet, « qu'il y aurait bien quelque chose à dire « contre ce précepteur de morale, ce catéchiste qui « rappelle assez peu le caractère de ceux que l'Église,

______

(¹) Volney, *Catéchisme du citoyen français, ou catéchisme du bon sens et des honnêtes gens*. Cet ouvrage est empreint d'un matérialisme beaucoup plus grossier que le *Catéchisme universel*.

« dans sa sollicitude pour les jeunes âmes, choisit
« parmi les plus irréprochables et les plus exacts de
« ses pasteurs... Pour bien remplir ce grave et saint
« ministère, il lui eût fallu n'avoir pas tout à fait
« vécu comme on vivait un peu trop dans son temps
« et dans le monde qu'il fréquentait. Ce titre de
« pasteur et de moraliste de l'enfance, il ne pouvait
« l'obtenir que d'une religion qui en passait beau-
« coup à ses fidèles, et telle était, en effet, celle
« dont il relevait (¹). »

Les préceptes du *Catéchisme* sont précédés d'une
Analyse de l'homme et *de la femme* et d'un *Traité sur
la raison*. C'est la partie doctrinale de l'œuvre et,
il faut bien le dire, elle ne brille ni par la précision, ni par la profondeur, ni même par l'originalité des idées. Elle est presque tout entière em-
pruntée aux systèmes de Locke et de Condillac.
« L'homme, en entrant dans le monde, n'est qu'une
« masse organisée et sensible ; il reçoit, de tout ce
« qui l'environne et de ses besoins, cet esprit qui
« sera peut-être celui d'un Locke ou d'un Montes-
« quieu... L'homme est sensible au plaisir et à la
« douleur ; ces sentiments sont la source de ses con-
« naissances et de ses actions : plaisir, douleur,
« voilà ses maîtres, et l'emploi de sa vie sera de
« chercher l'un et d'éviter l'autre (²). » Toute la

(¹) *Mémoire sur Saint-Lambert*, par Damiron.
(²) *Analyse de l'homme*, Introduction.

métaphysique de Saint-Lambert est résumée dans ces quelques lignes ; on y chercherait vainement une notion de Dieu et de l'âme ; la philosophie sensualiste est trop positive dans ses procédés et dans ses aspirations pour s'embarrasser de semblables chimères (¹).

J'ai hâte de passer aux *Préceptes*. Sans être d'une morale irréprochable, ils valent mieux que la doctrine, et plus d'une fois ils la contredisent. Saint-

(¹) Il ne faut pas juger de l'influence des écrits philosophiques de Saint-Lambert par l'oubli dans lequel ils sont tombés aujourd'hui. Les doctrines sensualistes sont restées en honneur jusque vers la fin de l'empire, et des documents sérieux attestent que Saint-Lambert a conservé jusqu'à cette époque l'autorité d'un grand philosophe et d'un grand moraliste.

Dans une notice littéraire publiée par Fayolle, et reproduite dans le *Moniteur* du 1er septembre 1804, l'auteur vante beaucoup le *Cathéchisme, ce livre qu'on peut regarder comme un bienfait public et auquel il n'a manqué qu'une époque favorable pour jouir de toute la réputation qu'il mérite.*

C'est à l'auteur du *Catéchisme* que le jury institué par Napoléon pour adjuger les prix décennaux, décerna en 1806 le grand prix de morale. L'empereur, il est vrai, ne voulut point ratifier le choix de l'Institut, et cet incident contribua à jeter un certain ridicule sur l'institution des prix décennaux.

Le mécontentement du souverain n'empêcha point M. J. Chénier de faire, dans la séance du Conseil d'État du 27 février 1808, un grand éloge du *Catéchisme universel* et de son auteur. Le compte rendu de cette séance solennelle est inséré dans le *Moniteur* du 28 février. On y voit que la députation de l'Institut, qui venait soumettre à l'empereur un *rapport sur l'état et les progrès de la littérature,* se composait de MM. Chénier, de Volney, Suard, Morellet, de Boufflers, Bernardin de Saint-Pierre, Andrieux, Arnault, Villars, Cailhava, Domergue, Lacretelle, Laujon, Raynouard et Picard.

Lambert énumère tous les devoirs de l'homme envers lui-même, envers les autres et envers la patrie. « Aimez, dit-il, un pays où vous n'avez à craindre « que les lois et où les lois ne sont pas à craindre « pour l'homme juste... Si vous y éprouvez de « grandes injustices, il vous est permis de quitter « la patrie, mais il ne vous est jamais permis de la « quitter pour la combattre. » Et plus loin il ajoute sur le même sujet : « Apprenez en même temps à « vos enfants à n'être point injustes pour les pays « étrangers... On peut être zélé pour son pays sans « en avoir les erreurs et les préjugés... Athéniens, « cessez de croire que la lune d'Athènes est plus « belle que celle de Corinthe. Louez Athènes et ne « méprisez point Corinthe. »

Parlant des devoirs des pères de famille, il dit que le meilleur enseignement à donner aux enfants est celui de l'exemple. Il faut leur inspirer de bonne heure des sentiments de bienveillance pour les autres hommes et leur faire concevoir une idée juste de la société dans laquelle ils sont destinés à vivre. « Ne « parlez point mal à vos enfants du prince et des « magistrats : le fils d'un père frondeur est rarement « un bon citoyen. »

Il y a aussi un beau chapitre sur l'amitié. Saint-Lambert en parle avec chaleur et comme un homme qui en a toute sa vie goûté le prix (¹) : « Veux-tu

(¹) Dans les *Souvenirs* consacrés à la mémoire de son mari, la maréchale princesse de Beauvau s'exprime ainsi sur Saint-

« ajouter à ton existence, augmenter en toi l'âme
« de la vie, le sentiment de tes forces, la raison qui
« te conduit, la vertu qui te soutient, le prix de
« tous les plaisirs que tu peux goûter? Prends un
« ami. » Il faut savoir le choisir, mais « ce choix
« fait, oublie-toi pour ton ami; c'est à lui à te ra-
« mener à toi. Laisse-lui voir ton cœur jusque dans
« ses derniers replis, et sois sûr qu'il faut en
« extirper les sentiments que tu crains de lui mon-
« trer... Si vous cessez de vous aimer, que ce soit
« une amitié qui finit, et non pas une haine qui
« commence. »

Il serait facile de signaler la contradiction qui
éclate entre des maximes fondées sur la justice, sur
le désintéressement, et même une certaine abné-
gation, et cette philosophie sensualiste qui nous
enseignait tout à l'heure que le souverain bien
est dans le bien-être et que le meilleur emploi de
la vie est dans la recherche du plaisir. Mais si
choquantes que soient ces contradictions, je n'en
veux tirer qu'une réflexion à l'avantage de Saint-
Lambert : c'est qu'en lui l'homme valait mieux
que le philosophe, c'est que le déréglement de ses
idées n'avait point étouffé les nobles inspirations
de son cœur, et que dans ses écrits nous retrou-
vons beaucoup plus les fantaisies de son imagina-

« Lambert : « L'ami de sa jeunesse a été celui de toute sa vie.
« Les mêmes vertus, les mêmes goûts ont rendu leur union
« aussi intime que constante. »

tion que la véritable expression de son âme et de
sa conscience.

Ces inconséquences n'étaient point particulières
à Saint-Lambert. Dans son *Histoire de la littérature
française*, M. Nisard les relève et les signale chez
la plupart des écrivains et des philosophes du
XVIIIe siècle : « L'histoire de l'esprit humain, dit-il,
« n'offre pas une époque où la contradiction ait
« été plus complète entre les professions de foi pu-
« bliques et les conduites, entre les écrits et la vie,
« entre le rôle et l'homme. »

Pour faire suite au *Catéchisme*, Saint-Lambert a
publié une *Analyse historique de la société*. Ce n'est
point qu'il ait eu la témérité de refaire, après Bos-
suet, une sorte de discours sur l'histoire univer-
selle. Son but était seulement d'étudier les lois
et les institutions des peuples les plus célèbres, pour
y puiser des leçons destinées à compléter l'instruc-
tion de la jeunesse. Je n'en parlerais pas si, à
chaque page, on n'y trouvait la preuve d'un retour
à des idées tout autres que celles du *Catéchisme*.
Saint-Lambert y reconnaît l'utilité d'une religion ;
il avoue que si nous n'avons pas une connaissance
démontrée de la divinité, nous en avons du moins
une croyance qui tient beaucoup du sentiment de
l'évidence ; il va jusqu'à dire que la religion catho-
lique peut seconder les rois dans l'intention de main-
tenir l'ordre, le calme et les mœurs ; qu'on a beaucoup à en espérer, rien à en craindre depuis qu'elle

ne prétend plus à l'empire universel. Et en même temps qu'il se rapproche de la religion, il s'éloigne de la philosophie. Il parle avec dédain de ces sophistes qui ont succédé aux philosophes, de ces Diogènes pleins de vanité qui ont remplacé les Socrates : « Cette foule de nouveaux « maîtres ne connaît en politique que des maximes « absolues;... elle repousse l'idée qu'il y a des « principes qui se modifient, et même qu'on reçoit « ou qu'on rejette selon les lieux, les caractères, les « temps et les circonstances... Paris est plein de « Solons (¹). Les uns veulent quelque chose qui res- « semble au gouvernement d'Angleterre; d'autres « une république fédérative; quelques-uns une « sorte de démocratie; ceux-là, mais en petit « nombre, une aristocratie. L'inconstance de nos « modes a passé des objets frivoles aux objets sé- « rieux. On change de systèmes sur la législation « comme de systèmes sur les jardins. On regarde « avec une sorte de mépris cette philosophie qui « marche à pas lents vers le vrai et conduit lente- « ment vers le bien. »

Le retour de Saint-Lambert à des idées si opposées à celles qu'il avait professées toute sa vie, n'a

(¹) « Tout Paris *solonise* » écrivait également le poëte Alfieri au mois d'avril 1789. — La manie de *soloniser* n'est pas près de disparaître en France. Nous avons à l'Assemblée 750 Solons qui ont certainement chacun leur projet de constitution et qui n'y ont pas renoncé malgré le vote des lois constitutionnelles.

rien qui doive nous étonner. C'est l'inévitable con-
version qui suit le passage de la jeunesse à la ma-
turité, de l'enthousiasme à la réflexion. A l'époque
où il écrivit les dernières pages de l'*Analyse historique de la société* (¹), Saint-Lambert n'était pas
seulement mûri par l'âge et par l'expérience, il
avait certainement aussi le pressentiment des évé-
nements sinistres qui allaient s'accomplir et qui
devaient déshonorer une révolution qu'il avait appe-
lée de ses vœux (²). Ce qui le frappe, ce qui paraît
l'inquiéter pour l'avenir politique de son pays et
même pour l'ordre social, ce sont les progrès de
cette passion détestable qui s'appelle l'*envie*. « Ces
« penchants veulent reparaître tels qu'ils sont dans
« l'homme sauvage. On semble craindre toute pro-
« tection dont on pourrait attendre du bien ; l'amour
« de la liberté devient la haine de la loi ; l'amour
« de l'égalité chrétienne et fraternelle est aujour-
« d'hui la haine de toute subordination graduée.

(¹) L'ouvrage a été écrit en 1788 et publié beaucoup plus
tard. Voir l'introduction.

(²) Saint-Lambert se montra partisan des réformes plutôt
que de la Révolution. Dans les *Saisons*, il s'était élevé avec
force contre l'abus de la corvée :

> J'ai vu le magistrat qui régit ma province
> L'esclave de la cour et l'ennemi du prince,
> Commander la corvée à de tristes cantons
> Où Cérès et la faim commandaient les moissons.
>
> (Chant IIe, l'Été.)

Le premier vers a été modifié ainsi dans les dernières édi-
tions :

> J'ai vu le magistrat qui régit *la* province.

« Dans ces déclamateurs qui se proposent les plus
« étranges modifications à nos lois constitution-
« nelles, il y a aussi des ennuyés ; ils se donnent
« ainsi le sentiment de leur existence ; c'est un
« plaisir, mais ce plaisir peut les conduire à désirer
« le sentiment d'une plus vive existence ; ils le
« trouveraient dans les factions, et bientôt prépare-
« raient avec elles le triomphe momentané de l'en-
« vie impudente. »

Saint-Lambert n'était pas seul à entrevoir que le
but généreux de la Révolution serait dépassé et que
la justice populaire ne saurait *venger la raison que
par des crimes* (¹). Mme de Sabran, qui ne partageait
pas l'enthousiasme de son amant pour les idées
nouvelles, écrivait vers la même époque au chevalier de Boufflers : « Tu commences donc à t'aper-
« cevoir que tout n'est pas pour le mieux dans le
« meilleur des mondes possibles, et à te douter qu'il
« y a des monstres dans les villes comme dans les fo-
« rêts... Tout ce qu'on a vu dans les temps barbares
« n'approchera jamais de ce que nous sommes des-
« tinés à éprouver. Les freins qui devaient contenir
« la multitude sont brisés ; maintenant elle profitera
« de la liberté dont on veut la faire jouir pour
« nous égorger tous. Je frémis en pensant que tu
« es dans ce gouffre (²). »

(¹) A. Chénier : *le Serment du Jeu de paume.*
(²) Le chevalier de Boufflers avait été nommé membre de
l'Assemblée nationale. Quoiqu'il se fût montré d'abord favo-

Saint-Lambert n'avait plus assez de force pour chercher à lutter contre l'orage. Pendant les mauvais jours de la Révolution, il se retira dans la vallée de Montmorency, à Eau-Bonne, où il possédait une habitation voisine de celle de Mme d'Houdetot (¹). C'est là qu'il acheva sa vie dans l'oubli et dans cette décadence des facultés humaines que, par une illusion respectable de la pitié, on appelle une seconde enfance. Il avait eu le malheur de survivre à tout ce qu'il avait connu et aimé et de voir s'écrouler l'édifice qui avait abrité sa vie. Si le sort de sa province, réunie à la France, n'avait rien eu qui dût l'émouvoir, pouvait-il demeurer indifférent au sort de ses amis frappés par la mort ou par la proscription? Pouvait-il, lui qui avait vécu dans une Cour et qui y avait passé ses plus belles années, ne pas être touché des grandes infortunes de cette maison de France, naguère la plus brillante de l'Europe, et dont les têtes royales étaient, comme celles des plus vils malfaiteurs, tombées sur l'échafaud? Ne devait-il pas s'attrister aussi

rable à la cause de 89, il fut obligé d'émigrer et de se réfugier avec Mme de Sabran à la cour du prince Henri de Prusse.

(¹) Saint-Lambert est mort le 9 février 1803. Sur son tombeau, au cimetière Montmartre, sont gravés ces mots :

CELLE QUI FUT CINQUANTE ANS SON AMIE

A FAIT METTRE CETTE PIERRE

SUR SON TOMBEAU.

Cette amie dont la fidélité a duré un demi-siècle n'est autre que Mme d'Houdetot, morte en 1813.

de la stérilité de l'œuvre philosophique à laquelle il s'était consacré et qui n'avait éteint le fanatisme religieux qu'en allumant le fanatisme politique, qui n'est pas moins cruel et qui n'aura pas fait couler moins de sang ?

Il l'avait dit lui-même dans son *Chant d'automne* :

> Malheur à qui les dieux accordent de longs jours !
> Consumé de douleurs vers la fin de leurs cours,
> Il voit dans le tombeau ses amis disparaître,
> Et les êtres qu'il aime arrachés à son être !
> Il voit autour de lui tout périr, tout changer,
> A la race nouvelle il se trouve étranger,
> Et, lorsqu'à ses regards la lumière est ravie,
> Il n'a plus, en mourant, à perdre que la vie !

Je suis arrivé au terme de cette étude, et je vous demande pardon, Messieurs, d'avoir soumis votre attention à une aussi longue épreuve. Qu'il me soit permis cependant de porter, en finissant, un jugement rapide sur l'homme dont je viens de vous rappeler la vie et les œuvres.

D'autres l'ont dit avant moi : Saint-Lambert manquait de génie et d'originalité. Il était trop de son siècle, de cette société polie, élégante, oisive et en même temps excitée, qui pouvait produire des esprits aimables et légers, mais qui n'est point favorable au développement des esprits libres et créateurs.

Mais si Saint-Lambert représente si fidèlement la

société du XVIII⁰ siècle, il la représente par son bon
comme par son mauvais côté. S'il en a le scepti-
cisme, la raillerie, la manie philosophique, il en a
aussi l'esprit, les grandes manières, le tact exquis,
la verve poétique. Comme poëte, il n'est pas de
premier ordre ; sa muse n'est à l'aise et ne brille
que dans les poésies fugitives et dans les descriptions de la nature, mais elle y brille assez pour
qu'on la préserve de l'oubli. Comme philosophe, il
a préconisé un système et des doctrines dont on
peut haïr le fond, sans méconnaître pour cela les
grandes qualités du style dans lequel il les a
exposées.

Il ne faut pas perdre de vue, d'ailleurs, que la
considération qui s'attachait à Saint-Lambert re-
posait moins sur un mérite particulier que sur un
ensemble d'aptitudes et de qualités, soit de l'intelli-
gence, soit du cœur, qui en ont fait un des hommes
les plus recherchés et les plus estimés de son temps.
Ses contemporains lui avaient déjà rendu cette
justice « qu'il soutenait dans le monde la dignité
« des lettres par celle de son caractère, et qu'il four-
« nissait aux gens de lettres un modèle de tout ce
« que l'usage du monde peut ajouter à leur mé-
« rite (¹). »

Si de telles qualités ne sont point un titre à la
gloire, elles n'en honorent pas moins celui qui les

(¹) Gaillard.

a possédées et réunies; et il m'a paru qu'il n'était point inutile de les rappeler dans cette ville où Saint-Lambert est né, et dans cette Académie où il a occupé une si grande place.

SUPPLÉMENT AUX NOTES.

Le cadre nécessairement borné d'un discours académique ne permettait pas d'anàlyser tous les ouvrages de Saint-Lambert. Cette note est destinée à compléter la liste de ses œuvres littéraires et philosophiques.

1° *Œuvres littéraires*. Saint-Lambert a publié : Une *Ode sur l'Eucharistie* (1732). Il n'avait alors que seize ans.

Deux poésies intitulées : *le Matin* et *le Soir*.

Diverses pièces fugitives recueillies dans l'*Almanach des Muses* et dans la *Gazette littéraire*.

Les Consolations de la vieillesse, petit poëme où il décrit en vers assez spirituels et assez brillants son bonheur à Eau-Bonne ou à Sannois. C'est une de ses meilleures productions.

Chevrier lui attribue aussi les *Quatre parties du jour ;* mais il est douteux que Saint-Lambert en soit l'auteur.

Il a composé pour le théâtre les *Fêtes de l'Amour et de l'Hymen,* comédie-ballet qui eut peu de représentations.

Parmi ses ouvrages en prose, il faut aussi citer les *Fables orientales* et quelques contes ou romans philosophiques tels que l'*Abenaki, Ziméo, Sara Th...,* et les *Deux Amis.* — Fayolle en a dit, avec une singulière exagération, qu'ils suffiraient à la gloire d'un homme de lettres ; Thomas dit aussi que les fables de Saint-Lambert « sont un des meilleurs ouvrages de ce genre. La philosophie en est excellente et quelquefois très-fine, toujours présentée d'une manière piquante. » (*Sur les contes orientaux de M*^{lle} *Monnet.*)

Les *Mémoires sur la vie de Bolingbroke,* qui ne sont point une simple biographie et qui contiennent un tableau, tracé avec autant de vérité que d'intérêt, du règne de la reine Anne. (Écrits en 1753, mais publiés beaucoup plus tard.)

L'*Essai sur la vie et les ouvrages d'Helvétius,* qui servit plus tard d'introduction au livre de l'*Esprit.*

Il n'existe point d'édition complète des œuvres littéraires de Saint-Lambert.

2° *Œuvres philosophiques.* Outre les cinq volumes du *Catéchisme universel* qui ont été analysés dans le discours, il existait un tome VI (Paris, Agasse, 1797, in-8° de 388 pages). Ce volume contenait, outre les treize articles que Saint-Lambert avait fournis à l'*Encyclopédie,* ses *Mémoires pour servir à la vie du maréchal de Beauvau.* Mme de Beauvau ne voulant pas attirer à ce moment l'attention publique ni sur elle, ni sur la mémoire de son mari, acheta et fit détruire la totalité de l'édition de ce sixième volume, dont il n'existe guère que trois ou quatre exemplaires.

En 1872, les *Mémoires sur le maréchal,* c'est-à-dire l'ouvrage même de Saint-Lambert revu et corrigé par Suard, ont été publiés à la suite des *Souvenirs de la maréchale.*

(Voir *Souvenirs de la maréchale princesse de Beauvau,* recueillis par Mme Standisch, née Noailles, son arrière-petite-fille. Paris, 1872, Techener, éditeur.)

Nancy, imprimerie Berger-Levrault et Cie.